Como lidar consigo mesmo

Dados Internacionais de Catalogação na Publicação (CIP)
(Câmara Brasileira do Livro, SP, Brasil)

Schopenhauer, Arthur, 1788-1860
Como lidar consigo mesmo / Arthur Schopenhauer ; tradução de Vilmar Schneider. – Petrópolis : Vozes, 2025.

Título original: Aphorismen zur Lebensweisheit
ISBN 978-85-326-7250-6

1. Autoconhecimento 2. Ciências humanas 3. Conduta de vida 4. Filosofia I. Título.

25-277241 CDD-100

Índices para catálogo sistemático:
1. Filosofia 100

Eliete Marques da Silva – Bibliotecária – CRB-8/9380

Arthur Schopenhauer

Como lidar consigo mesmo

Tradução de Vilmar Schneider

EDITORA VOZES

Petrópolis

Tradução parcial do original em alemão intitulado *Aphorismen zur Lebensweisheit*, incluído na obra *Parerga und Paralipomena*, publicada em 1851. O trecho traduzido corresponde à seção B, intitulada Von dem, was einer ist.

Rua Frei Luís, 100
25689-900 Petrópolis, RJ
www.vozes.com.br
Brasil

Diagramação: Editora Vozes
Revisão gráfica: Samir Hauaji
Capa: Érico Lebedenco

ISBN 978-85-326-7250-6

Este livro foi composto e impresso pela Editora Vozes Ltda.

Sumário

Apresentação a esta edição

Esta é uma tradução parcial da obra intitulada *Aphorismen zur Lebensweisheit* (*Aforismos para a sabedoria de vida*), originalmente publicada como parte de *Parerga und Paralipomena* (1851).

Na edição alemã, a seção dedicada à "sabedoria de vida" está dividida em quatro partes temáticas, identificadas por letras: A. *Grundlage der Eintheilung*; B. *Von dem, was einer ist*; C. *Von dem, was einer hat*; D. *Von dem, was einer vorstellt*. Se traduzidos literalmente, os títulos seriam: A. Fundamento da Divisão; B. Sobre o que alguém é; C. Sobre o que alguém possui; D. Sobre o que alguém representa.

Este volume concentra-se na seção B (*Von dem, was einer ist*), que Schopenhauer dedica ao indivíduo – seu caráter, saúde, sensibilidade e desenvolvimento interior como pilares da verdadeira felicidade. O título adotado nesta tradução, *Sobre como lidar consigo mesmo*, reflete o núcleo dessa reflexão: a arte de cultivar a si próprio em meio às contingências do mundo.

Na obra original, Schopenhauer organiza suas ideias em aforismos numerados, recurso mantido em muitas edições para facilitar a referência cruzada e o estudo analítico. Os números presentes nesta tradução correspondem à estrutura do texto fonte, seguindo a edição de 1913.

Optou-se aqui por traduzir apenas a seção B devido à sua relevância prática e coerência temática autônoma. Embora a obra completa aborde também riqueza, honra e aparência social (seções C e D), este recorte privilegia o diálogo do filósofo com o leitor sobre autoconhecimento e resiliência – temas que permanecem necessários e urgentes.

Os títulos que aparecem no sumário e no corpo do texto entre colchetes são inserções nossas para guiar o leitor neste breve e fecundo texto.

Boa leitura!

Capítulo I

Capítulo I

Os pilares

§ 1 Os bens subjetivos – como um caráter nobre, uma mente capaz, um temperamento alegre, coragem jovial, um corpo bem constituído e saudável, em suma, um "espírito são em corpo são" e tudo o que se inclui sob o nome de perfeições pessoais – são as primeiras e mais essenciais condições para nossa felicidade. Daí a influência muito maior que nossas qualidades individuais exercem sobre ela, comparadas ao que nos vem de fora.

§ 2 Dentre todos esses bens, a saúde é incontestavelmente o primeiro e mais importante – a rainha de todos os bens subjetivos. Pode-se dizer que um mendigo saudável é mais feliz que um rei doente. Um temperamento tranquilo e alegre (fruto de uma digestão perfeita e bom metabolismo), uma coragem forte e serena, uma mente lúcida e perspicaz, uma consciência sem culpa etc. são bens que nenhum título ou riqueza pode substituir.

§ 3 Por outro lado, não é necessário que alguém possua riquezas para ser feliz; aliás, a abundância pouco contribui para isso, pois a riqueza não promove diretamente nosso bem-estar – só o faz indiretamente, ao fornecer meios para pagar terceiros. O homem logo se satisfaz quando a necessidade passa; mas também logo se descontenta quando a abundância chega.

Capítulo II

Capítulo 2

Conhecer-se a si mesmo

§ 4 Assim como o trabalhador que ajuda a construir um edifício não conhece o plano do todo ou nem sempre o tem presente, é desse modo que o ser humano, ao desenrolar cada dia e cada hora de sua vida, lida com o todo e o caráter de sua trajetória de vida. Quanto mais esse caráter for digno, significativo, metódico e individual, tanto mais será necessário e benéfico que, de vez em quando, ele lance um olhar sobre o seu esboço reduzido, ou seja, sobre o plano da sua vida. É claro que disso também faz parte que ele tenha dado o passo inicial no γνωθι σαυτον [conhece-te a ti mesmo]. Portanto, é preciso que ele saiba o que verdadeiramente, fundamentalmente e sobretudo quer; o que é essencial para a sua felicidade e, em seguida, o que ocupa o segundo e o terceiro lugares. E, ainda, é preciso que reconheça qual é, em geral, a sua vocação, o seu papel e a sua relação com o mundo. Se isso for significativo e grandioso, a visão do plano de sua vida, em escala reduzida, haverá de, mais do que qualquer outra coisa, fortalecê-lo, erguê-lo, encorajá-lo à ação e desviá-lo de caminhos equivocados.

Assim como o andarilho, que só obtém uma visão geral e reconhece o caminho percorrido, com todas as suas sinuosidades e desníveis, ao chegar a um ponto mais elevado, nós também só reconhecemos a verdadeira interligação de nossos atos, realizações e obras, a sua exata consequência e o seu encadeamento, inclusive o seu valor, ao chegarmos ao final de uma etapa de nossa vida ou até da vida inteira. Pois, enquanto estamos ocupados com isso, agimos somente de acordo com as qualidades estabelecidas de nosso caráter, sob a influência dos motivos e de acordo com a medida de nossas capacidades, portanto, invariavelmente com necessidade, uma vez que, em cada momento, fazemos simplesmente o que, naquele momento, nos parece justo e adequado. Somente o desfecho revela o que resultou daí, e somente o olhar retrospectivo para o conjunto revela o como e o modo pelo qual. Por isso é que, quando realizamos os maiores feitos e criamos obras imortais, não estamos conscientes deles enquanto tais, mas simplesmente como adequados aos nossos propósitos presentes e correspondentes às nossas intenções ocasionais, portanto, corretos nesse momento. No entanto, é só a partir da concatenação do todo que, mais tarde, o nosso caráter e as nossas capacidades ficam nitidamente visíveis. E, no detalhe, vemos então que enveredamos pelo único caminho correto dentre milhares de caminhos equivocados, como se isso tivesse sucedido por inspiração – guiados pelo nosso *genius*. Tudo isso se aplica tanto ao plano teórico como ao prático e, em sentido inverso, ao que é ruim e errado.

§ 5 Uma questão importante da sabedoria de vida consiste na proporção correta entre a atenção dedicada em parte ao presente, em parte ao futuro, para que um não prejudique o outro. Muitas pessoas vivem demasiadamente no presente: são pessoas imprudentes; outras vivem demasiadamente no futuro: são pessoas temerosas e inquietas.

É raro que alguém consiga manter rigorosamente a proporção certa. Aqueles que, movidos por anseios e esperanças, vivem apenas no futuro, olham sempre para frente e se apressam impacientemente em direção às coisas vindouras, como se essas fossem, antes de tudo, propiciar a verdadeira felicidade, enquanto deixam de perceber e desfrutar o presente, são, apesar de suas feições astutas, comparáveis àqueles asnos na Itália, cujos passos podem ser apressados pendurando diante de sua cabeça, preso a um bastão, um feixe de feno que eles sempre veem próximo, diante de si, e que esperam alcançar. Pois eles enganam a si mesmos em relação a toda a sua existência ao viverem apenas *ad interim* – até que estejam mortos. Portanto, em vez de nos ocuparmos única e exclusivamente com os planos e com as preocupações para com o futuro, ou de nos entregarmos à nostalgia do passado, jamais deveríamos nos esquecer que só o presente é real e certo; o futuro, em contrapartida, quase sempre se mostra diferente do que o pensávamos; sim, também o passado foi diferente, de modo que, no todo, ambos têm menos importância do que nos parece. Pois a distância, que torna os objetos pequenos para a visão, faz com que se tornem grandes para o pensamento. Unicamente o presente é verdadeiro e real: ele é o tempo efetivamente realizado, e é exclusivamente nele que reside nossa existência. Por isso, deveríamos sempre considerá-lo digno de uma acolhida alegre e, assim, conscientemente desfrutá-lo como tal em todo momento suportável e livre de adversidades e dores imediatas, ou seja, não o obscurecer com expressões amuadas devido a esperanças fracassadas no passado ou inquietações quanto ao futuro. Pois é completamente insensato rechaçar um bom momento presente ou arruiná-lo intencionalmente por causa de decepções do passado ou inquietações com o porvir. É claro que se deve dedicar um certo tempo à preocupação, sim, até mesmo ao arrependimento; depois, porém, deve-se pensar o seguinte sobre o passado:

> Αλλα τα μεν προτετυχθαι εασομεν αχνυμενοι περ.
> Θυμον ενι στηθεσσι φιλον δαμασαντες αναγκῃ.
> [Impõe-se a nós dobrar o coração no peito.
> Dou fim à ira, não é algo aceitável sempre insistir na fúria] (HOMERO. *Ilíada*, XIX, 65, 66).

E sobre o futuro:

> Ητοι ταυτα θεων εν γουνασι κειται. [Mas tudo jaz nos joelhos de imortais] (HOMERO. *Ilíada*, XVII, 514).

No entanto, sobre o presente: *singulas dies singulas vitas puta* [pensa que cada dia é, por si só, uma vida] (Sêneca), e torna esse tempo real e único o mais agradável possível.

Os únicos males futuros que podem justificadamente nos inquietar são aqueles que são certos e cujo momento de ocorrência também é certo. No entanto, esses são muito poucos, pois os males são ou simplesmente possíveis, no máximo prováveis, ou são certos; mas seu momento de ocorrência é completamente incerto. Se nos deixarmos envolver por esses dois tipos, não teremos mais nenhum instante de sossego. Portanto, para não perdermos a tranquilidade de nossa vida devido a males incertos e indeterminados, precisamos nos acostumar a considerar os primeiros como se nunca fossem ocorrer, e os segundos como se certamente não fossem ocorrer em breve.

Ora, quanto menos alguém é incomodado pelo temor, tanto mais é inquietado pelos desejos, cobiças e pretensões. O significado verdadeiro da canção tão popular de Goethe, *ich hab' mein' Sach' auf nichts gestellt* [em nada depositei minhas esperanças] é que, só depois de se afastar das pretensões e retornar para a existência nua e crua, o ser humano torna-se parte da tranquilidade que constitui o fundamento da felicidade humana. Essa tranquilidade é necessária para considerar assimilável o presente e, desse modo, a vida inteira. Justamente com esse propósito, deveríamos sempre ter em mente que o dia de hoje vem só uma vez e nunca mais. Porém, supomos que retornará amanhã: mas amanhã é um novo dia que também só virá uma vez. Nós, contudo, esquecemos que cada dia é uma parte integrante e, por isso, insubstituível da vida, e o consideramos, antes, como contido nela, assim como os indivíduos estão contidos no conceito de conjunto. Também apreciaríamos e desfrutaríamos melhor o presente se, nos dias de bem-estar e saúde, sempre estivéssemos conscientes de como, nas enfermidades e aflições, a lembrança nos apresenta cada hora sem dor e sem privação como infinitamente digna de inveja, como um paraíso perdido, como um amigo negligenciado. No entanto, vivemos nossos belos dias sem percebê-los: só quando chegam os dias ruins é que desejamos aqueles de volta. Deixamos passar milhares de horas alegres e agradáveis, sem desfrutá-las e com rosto amuado, para depois, nos tempos sombrios, suspirarmos por elas em vão. Em vez disso, deveríamos reverenciar todo momento presente suportável, inclusive o mais corriqueiro, que, indiferentes, deixamos passar, e que até mesmo, impacientes, apressamos. Deveríamos sempre ter em mente que, precisamente agora, esses momentos se precipitam naquela apoteose do passado, na qual, a partir de então, envoltos pelos raios de luz da perenidade, são conservados pela memória, para, especialmente nos momentos ruins, quando essa um dia abre a cortina, apresentarem-se como um objeto de nosso anseio mais íntimo.

§ 6 *Toda limitação torna a pessoa feliz.* Quanto mais estreito for o nosso campo de visão, ação e contato, tanto mais felizes seremos; quanto mais amplo, tanto mais frequentemente nos sentiremos aflitos e intimidados. Pois, nesse caso, multiplicam-se e ampliam-se as preocupações, os desejos e os temores. É por isso que inclusive os cegos não são tão infelizes como possam parecer *a priori*; é o que demonstra a serenidade meiga, quase alegre, em seus traços faciais. Inclusive, reside, em parte, nessa regra que a segunda metade da vida é mais triste do que a primeira. Pois, no decorrer da vida, o horizonte de nossos propósitos e intenções se torna cada vez mais amplo. Na infância, ele se limita ao ambiente mais próximo e às relações mais estreitas; na juventude, amplia-se significativamente; na idade adulta, abrange toda nossa trajetória de vida e, com frequência, as relações mais distantes, os estados e povos; na velhice, abrange os descendentes. Por outro lado, toda limitação, inclusive a espiritual, é benéfica para a nossa felicidade. Pois quanto menor o estímulo da vontade, tanto menor o sofrimento: e sabemos que o sofrimento é algo positivo, ao passo que a felicidade só é negativa. A limitação do campo de ação tira da vontade os ensejos exteriores para o estímulo; a limitação do espírito, os interiores. Esta última, no entanto, tem a desvantagem de abrir a porta para o tédio, que indiretamente se torna a fonte de incontáveis sofrimentos, uma vez que, apenas para afastá-lo, recorre-se a tudo: portanto, distração, companhia, luxo, jogo, bebida etc., que atraem danos, ruína e infelicidade de todo tipo. *Difficilis in otio quies* [Difícil é a serenidade no ócio].

Por outro lado, evidencia-se o quanto a limitação *exterior* é benéfica e até necessária para a felicidade humana, até onde esta é possível, pelo fato de que o único gênero poético que faz a descrição de pessoas felizes, o idílio, apresenta-as sempre e em essência numa situação e num ambiente bastante limitados. Essa percepção da questão está na base de nosso deleite com as chamadas pinturas de gênero. Consequentemente, a maior *simplicidade* possível de nossas relações e até a *uniformidade* do estilo de vida, enquanto não produzir tédio, tornam as pessoas felizes, porque permitem que sintam a própria vida e, por consequência, a sua carga essencial, do modo mais suave: ela fluirá como um ribeiro, sem ondas ou redemoinhos.

Capítulo III

Capítulo 3

Habitar o próprio mundo

§ 7 No que diz respeito ao nosso bem-estar e ao nosso sofrimento, o que importa, em última instância, é aquilo que preenche e ocupa a nossa consciência. Nesse caso, no geral, toda ocupação puramente intelectual proporcionará, à pessoa com espírito apto para tal, muito mais do que a vida real com sua constante alternância entre sucesso e fracasso, juntamente com seus abalos e incômodos. É certo que, para tal ocupação, exigem-se aptidões preponderantemente espirituais. Em seguida, é preciso observar que, assim como a vida ativa voltada para o exterior nos dispersa e desvia dos estudos, e retira do espírito a tranquilidade e a concentração indispensáveis, de igual modo, por outro lado, a ocupação espiritual contínua nos torna mais ou menos inaptos para lidar com os afazeres e as agitações da vida real. Por isso, é aconselhável suspender inteiramente aquela ocupação por algum tempo quando surgirem circunstâncias que, de algum modo, requeiram uma ação prática enérgica.

§ 8 Para viver com perfeito *bom-senso* e extrair da própria experiência toda instrução nela contida, muitas vezes é preciso pensar retrospectivamente e recapitular o que se vivenciou, fez, experimentou e sentiu, e comparar seu juízo anterior com o atual, seus propósitos e anseios com o sucesso e a satisfação deles advindos. Essa é a repetição das lições particulares que a experiência deu a cada pessoa. A experiência própria também pode ser vista como o texto, do qual a reflexão e o conhecimento são o comentário. Muita reflexão e muito conhecimento combinados com pouca experiência são semelhantes às edições que apresentam duas linhas de texto e quarenta linhas de comentário. Muita experiência combinada com pouca reflexão e parco conhecimento é semelhante às edições bipontinas, sem notas, que deixam muitas coisas incompreendidas.

À recomendação aqui especificada aplica-se também a regra de Pitágoras, segundo a qual, à noite, antes de adormecer, devemos examinar cuidadosamente o que fizemos durante o dia. Quem passa a vida no tumulto dos negócios ou das diversões sem ruminar seu passado, apenas desenrolando sua vida, perde o claro bom-senso: sua mente se torna um caos, surgindo em seus pensamentos uma certa confusão que se revela em sua conversação abrupta, fragmentária e, por assim dizer, desconexa. Essa situação fica tanto mais evidente quanto maior é a inquietação exterior, a quantidade de impressões, e menor a atividade interior do espírito.

Cabe observar aqui que, após um tempo mais longo e depois de terem passado as vivências e os ambientes que nos influenciaram, não conseguimos recuperar nem renovar nossa disposição e sensação suscitados por eles naquela ocasião; no entanto, é certo que podemos nos recordar de nossas próprias *manifestações* suscitadas por eles naquela ocasião. Estas são o resultado, a expressão e a medida daqueles. Por isso, a memória ou o papel deveriam conservar cuidadosamente essas ocasiões memoráveis. Para isso, os diários são bem úteis.

§ 9 Certamente, a qualidade mais propícia para a nossa felicidade é bastar-se a si mesmo, ser tudo em tudo para si, e poder dizer *omnia mea mecum porto* [levo comigo tudo o que é meu]: por isso, nunca é demais repetir a máxima de Aristóteles ἡ ευδαιμονια των αυταρκων εστι (*felicitas sibi sufficientium est*) [A felicidade é dos que bastam a si mesmos] (Ética a Eudemo, 7,2). (Em essência, esse também é o pensamento expresso de forma particularmente elegante na sentença de Chamfort, que coloquei como lema deste ensaio.) Pois, por um lado, não se pode contar seguramente com ninguém a não ser consigo mesmo e, por outro lado, os desconfortos e as desvantagens, os perigos e os aborrecimentos que a sociedade traz consigo são incontáveis e inevitáveis.

Não há caminho mais equivocado para a felicidade do que levar a vida no mundo em grande estilo (*high life*): pois o objetivo disso é transformar nossa existência miserável numa sucessão de alegrias, prazeres e diversões, no que não se consegue evitar a desilusão; e, menos ainda, como no caso das companhias forçadas, as mentiras recíprocas[1].

---

1. Assim como nosso corpo está envolto pelas vestes, nosso espírito está envolto por mentiras. Nossas falas, nossos atos, todo nosso ser é mentiroso; e é só através desse invólucro que podemos, ocasionalmente, imaginar nossa verdadeira mentalidade, assim como através das vestes se imagina a forma do corpo.

Em primeiro lugar, toda sociedade requer necessariamente uma acomodação recíproca e uma temperatura: por isso, quanto maior, mais insossa ela se torna. Cada pessoa só pode *ser ela mesma* por inteiro enquanto estiver sozinha. Portanto, quem não ama a solidão tampouco ama a liberdade, pois somente quando se está sozinho é que se está livre. A coerção é a companheira inseparável de toda a sociedade, a qual exige sacrifícios que se revelam tanto mais difíceis quanto mais significativa for a própria individualidade. Consequentemente, cada um evitará, suportará ou amará a solidão na exata proporção do valor do seu si-mesmo. Pois é na solidão que o miserável sente toda a sua miséria, o grande espírito sente toda a sua grandeza; em síntese, cada um sente o que é. Além disso, quanto mais elevada for a posição de alguém na classificação hierárquica da natureza, tanto mais solitário será, de maneira essencial e inevitável. Nesse caso, porém, é um benefício para ele se a solidão física corresponder à espiritual; do contrário, a proximidade frequente de seres heterogêneos exerce uma influência incômoda ou até mesmo hostil sobre ele, roubando-lhe seu si-mesmo sem nada ter para oferecer como substituto. Desse modo, ao passo que a natureza estabeleceu entre os seres humanos a mais ampla diversidade no plano moral e intelectual, a sociedade, não levando isso em conta, equipara todos eles ou, antes, substitui a diversidade pelas diferenças e níveis artificiais de estado e posição, muitas vezes diametralmente opostos à classificação hierárquica da natureza. Nessa configuração, aqueles que a natureza colocou numa posição inferior encontram-se favorecidos; os poucos, porém, que ela colocou numa posição superior, saem prejudicados. Por isso, estes costumam se subtrair da sociedade, na qual, quando se torna numerosa, prevalece a indecência. O que na sociedade desestimula os grandes espíritos é a igualdade de direitos e, portanto, de demandas, no caso de desigualdade de capacidades e, portanto, de realizações (sociais) dos outros. A chamada boa sociedade permite qualidades de todo tipo, menos as espirituais; estas são até mesmo contrabando. Ela nos obriga a demonstrar uma paciência sem limites com toda estupidez, insensatez, incorreção e obtusidade; por outro lado, as qualidades pessoais devem mendigar perdão ou se ocultar, pois a superioridade espiritual fere pela sua mera existência, sem qualquer interferência da vontade. Por consequência, a sociedade, chamada de boa, tem não apenas a desvantagem de nos apresentar pessoas que não podemos enaltecer nem amar, mas também a de não permitir que sejamos nós mesmos, como condiz com a nossa natureza.

Antes, coage-nos, por causa da consonância com os outros, a nos encolhermos ou até mesmo a nos desfigurarmos. Discursos e ideias brilhantes têm espaço apenas perante uma sociedade brilhante; na sociedade ordinária são simplesmente odiados, pois para serem apreciados nela necessitam ser banais e obtusos. Em tal sociedade, temos que abrir mão, com difícil abnegação, de três quartos de nós mesmos, para nos parecermos com os outros. Em troca, é claro que temos os outros: no entanto, quanto mais uma pessoa possui valor próprio, tanto mais ela considera que o ganho não cobre a perda e que o negócio resulta em sua desvantagem; pois as pessoas, em regra, são insolventes, isto é, não dispõem de nada em seu convívio que indenize o aborrecimento, os desconfortos e os incômodos que provocam, e a abnegação que impõem. Por isso, a maior parte da sociedade é constituída de modo que quem a troca pela solidão faz um bom negócio. Além disso, a sociedade, para substituir a superioridade autêntica, ou seja, espiritual, a qual não suporta e que também é difícil de encontrar, acolheu fortuitamente uma superioridade falsa, convencional, baseada em estatutos arbitrários, que se propaga tradicionalmente entre as classes mais elevadas e que se modifica como as palavras de ordem: é o que se chama de bom-tom, *bon ton*, *fashionableness*. Quando, porém, essa superioridade colide com a autêntica, revela-se sua fraqueza. Além disso, *quand le bon ton arrive, le bon sens se retire* [Quando chega o bom-tom, retira-se o bom-senso].

Afinal de contas, porém, cada um só pode estar *em perfeita harmonia* consigo mesmo, não com seu amigo, nem com a amada, pois as diferenças de individualidade e disposição provocam sempre uma dissonância, ainda que mínima. Por isso é que a verdadeira e profunda paz do coração e a perfeita serenidade, esse bem terreno superior depois da saúde, são encontráveis unicamente na solidão e, como disposição duradoura, apenas no mais profundo isolamento. Quando o próprio si-mesmo é grande e rico, desfruta-se o estado mais feliz que se pode encontrar sobre esta pobre terra. Sim, digamos claramente: por mais estreitamente a amizade, o amor ou o matrimônio enlacem as pessoas, no final, cada um é *inteiramente sincero* apenas consigo mesmo e, no máximo, com seu filho. Quanto menos alguém, devido a condições objetivas ou subjetivas, necessita entrar em contato com as pessoas, tanto melhor estará. Se a solidão e o deserto não deixam sentir de uma só vez todos os seus males, permitem vê-los de modo abrangente. Por outro lado, a sociedade é insidiosa: oculta males enormes, muitas vezes incuráveis, por trás da aparência do divertimento, da comunicação, da fruição social e assim por diante. Um dos principais aprendizados da juventude deveria ser o de *aprender a suportar a solidão*, pois ela é uma fonte de felicidade, de serenidade. De tudo isso resulta que está em melhor situação aquele que contou apenas consigo mesmo e pode, em tudo, ser tudo para si. Cícero diz: *Nemo potest non beatissimus esse, qui est totus aptus ex sese, quique in se uno ponit omnia* (*Paradox. II*) [Quem depende apenas de si e em si mesmo coloca tudo, tem todas as condições de ser feliz]. Além disso, quanto mais alguém tem em si mesmo, tanto menos os outros podem ser algo para ele. Um certo sentimento de suficiência é o que impede as pessoas que possuem valor interior e riqueza de fazerem os sacrifícios relevantes, exigidos pela convivência com os outros, para não falar em buscá-la com evidente abnegação. O contrário disso torna as pessoas comuns tão sociáveis e acomodáveis: é-lhes mais fácil suportar os outros do que a si mesmas. Acrescente-se: o que tem real valor no mundo não é estimado e o que é estimado não tem nenhum valor. Prova e consequência disso é o isolamento de toda pessoa digna e distinta. Desse modo, será autêntica sabedoria de vida daquele que tem algo justo em si mesmo, quando, se necessário, consegue limitar as suas necessidades, para manter ou ampliar a sua liberdade, conformando-se com o mínimo possível para sua pessoa, uma vez que tem relações inevitáveis com o universo humano. O que, por outro lado, torna os seres humanos sociáveis é a incapacidade de suportar a solidão e, nela, a si mesmos. Vazio interior e tédio são o que os impele tanto para a sociedade como para terras estrangeiras e para as viagens. Seu espírito carece de iniciativa para conferir movimento a si mesmo: por isso buscam incrementá-lo através do vinho e, ao trilhar esse caminho, muitos se tornam ébrios. Justamente por isso, necessitam de constante estímulo de fora, e do mais intenso, ou seja, dos seus semelhantes, por natureza. Sem esse estímulo, seu espírito desmorona sob seu próprio peso e decai numa letargia sufocante[2]. De modo semelhan-

---

2. Como se sabe, os males são amenizados quando suportados conjuntamente: entre eles, as pessoas parecem incluir o tédio; por isso, elas se reúnem para, conjuntamente, se entediar. Como o amor à vida é, no fundo, apenas temor da morte, também o *impulso de sociabilidade* do ser humano, no fundo, não é direto, ou seja, não repousa no amor à sociedade, mas no temor da *solidão*, uma vez que não é tanto a busca pela presença acolhedora dos outros, mas sim a fuga do deserto e da aflição do estar só, bem como da monotonia da própria consciência. Assim, para escapar da solidão, prefere-se até mesmo a má companhia, aceitando os inconvenientes e as imposições que ela necessariamente traz consigo.

te, pode-se dizer que cada um deles é apenas uma pequena fração da ideia de humanidade, uma vez que precisa ser amplamente complementado pelos outros, para que, de alguma forma, resulte uma consciência humana completa. Em contrapartida, quem é um ser humano inteiro, um ser humano *par excellence*, representa uma unidade e não uma fração, tendo, portanto, o suficiente em si mesmo. Pode-se, nesse sentido, comparar a sociedade convencional com aquela música russa tocada com trompas, em que cada trompa tem apenas uma tonalidade e que somente através do encontro exato de todas surge uma música. Tão monótono quanto aquela trompa de uma tonalidade só é o sentido e o espírito da maioria dos seres humanos: parece que muitos deles tiveram o tempo todo apenas um único e o mesmo pensamento, e foram incapazes de refletir sobre qualquer outro. Isso explica não só por que são tão enfadonhos, mas também por que são tão sociáveis e preferem andar em bandos: *the gregariousness of mankind* [o gregarismo da humanidade]. A monotonia de seu próprio ser os torna insuportáveis para si mesmos: *omnis stultitia laborat fastidio sui* [toda estultice sofre o fastio de si mesma]; somente juntos e pela sua associação é que são alguma coisa, como aqueles trompistas. Por outro lado, o ser humano pleno de espírito compara-se a um virtuose que executa *sozinho* o seu concerto; ou também ao piano. Assim como este constitui, por si só, uma pequena orquestra, o ser humano pleno de espírito constitui um pequeno mundo, e o que os outros são apenas por meio de uma interação, ele representa na unidade de uma consciência única. Como o piano, ele não é parte da sinfonia, mas é adequado à execução solo e à entidade singular: se precisar interagir com os outros, só o pode fazer como voz principal com acompanhamento, como o piano, ou para dar o tom, na música vocal, como o piano. Entretanto, aquele que ama viver em sociedade pode inferir dessa comparação a regra de que o que falta em qualidade às pessoas com que convive precisa ser compensado, de certa forma, pela quantidade. O convívio com um único ser humano pleno de espírito é suficiente para ele; mas, caso encontre apenas os tipos habituais, então é bom ter muitos deles, a fim de que, através da variedade e da interação, obtenha algum resultado – por analogia com a mencionada música de trompas –, e que o céu lhe dê paciência.

No entanto, pode-se atribuir aquele vazio interior e aquela insuficiência dos seres humanos ao fato de que, quando pessoas de natureza melhor formam uma associação tendo em mente algum propósito nobre e ideal, o resultado quase sempre será o de que daquela *plebs* da humanidade – que, em quantidade incontável, como insetos, cobre e preenche tudo por toda a parte, e sempre está disposta a se apossar de tudo sem distinção, a fim de aplacar seu tédio, bem como, em outras circunstâncias, sua carência –, algumas pessoas se introduzem, ou se infiltram e, em seguida, ou destroem toda a associação ou a modificam de tal modo que se torna praticamente o oposto do propósito original.

De resto, também pode-se considerar a sociabilidade como um aquecimento espiritual recíproco dos seres humanos, similar ao produzido corporalmente, quando, sob frio intenso, as pessoas se aglomeram. Unicamente quem tem muito calor espiritual em si não necessita de tal agrupamento. Pode-se encontrar uma fábula concebida por mim com esse enfoque no último capítulo do segundo volume desta obra. Tudo isso revela que a sociabilidade está quase na proporção inversa de seu valor intelectual; e dizer que "ele é muito insociável" significa praticamente afirmar que "ele é um ser humano de grandes qualidades".

Ao ser humano intelectualmente superior, a solidão confere uma dupla vantagem: em primeiro lugar, a de estar consigo mesmo e, em segundo lugar, a de não estar com os outros. Esta última deve-se colocar em destaque quando se considera quanta imposição, quanta reclamação e até mesmo quanto perigo todo relacionamento traz consigo. *Tout notre mal vient de ne pouvoir être seul* [Todos os nossos problemas vêm de não podermos ficar sozinhos], diz La Bruyère. A *sociabilidade* está entre as inclinações mais perigosas, sim, nocivas, uma vez que ela nos coloca em contato com seres cuja maioria é moralmente ruim e intelectualmente obtusa ou incorreta. O insociável é alguém que não precisa deles. Ter em si mesmo tanto, a ponto de não precisar da sociedade já é uma grande felicidade, porque quase todo nosso sofrimento se origina da sociedade, e a paz de espírito que, ao lado da saúde, constitui o elemento mais essencial de nossa felicidade, é ameaçada pela sociedade e, portanto, não pode subsistir sem uma medida significativa de solidão. Para se tornarem partícipes da felicidade da paz de espírito, os cínicos renunciavam a toda propriedade: quem, com a mesma intenção, renuncia à sociedade escolheu o meio mais sábio. Pois tão apropriado e belo é o que diz Bernardin de St. Pierre: *la diète des aliments nous rend la santé du corps, et celle des hommes la tranquillité de l'âme* [A dieta dos alimentos nos restitui a saúde do corpo; e a dieta dos homens, a tranquilidade da alma].

Assim, quem se torna amigo da solidão, sim, conquista-a amorosamente, obtém uma mina de ouro. Mas não são todos que conseguem isso. Pois como originalmente a necessidade leva os seres humanos a se reunirem, após a sua superação o tédio tem o mesmo efeito. Sem ambos, possivelmente cada um ficaria sozinho; até porque, somente na solidão o ambiente corresponde à relevância exclusiva, sim, à singularidade que cada um tem aos próprios olhos e que a agitação do mundo reduz a nada, uma vez que, a cada passo, recebe um doloroso *démenti*. Nesse sentido, a solidão é até mesmo o estado natural de cada um: ela o insere novamente, como primeiro Adão, na felicidade original, adequada à sua natureza. É que, no entanto, Adão não teve pai nem mãe! Por isso, num outro sentido, a solidão não é natural ao ser humano; visto que ele, ao ingressar no mundo, não está sozinho, mas entre pais e irmãos, portanto, em comunidade. Por conseguinte, o amor à solidão não pode existir como propensão originária, mas apenas surgir em consequência da experiência e da reflexão; e isso sucede de acordo com o desenvolvimento da força espiritual própria, de modo simultâneo ao avanço da idade; segundo o que, em geral, o impulso de sociabilidade de cada um está na razão inversa da sua idade. A criança emite gritos de medo e aflição assim que é deixada sozinha por alguns minutos. Para os rapazes, estar sozinho é uma grande penitência. Os jovens se encontram facilmente: só os mais nobres e mais sofisticados de espírito já buscam, por vezes, a solidão. No entanto, passar um dia inteiro sozinhos ainda é difícil para eles. Para o adulto, por sua vez, isso é fácil: ele consegue passar bastante tempo sozinho, e tanto mais quanto maior sua idade. O ancião, que é o único remanescente de gerações desaparecidas e, em parte porque já passou da idade para sentir os prazeres da vida e, em parte porque já está morto para eles, encontra na solidão o seu elemento próprio. Em cada indivíduo, porém, o aumento da tendência para o isolamento e para a solidão sucederá de acordo com seu valor intelectual. Pois essa tendência, como se disse, não é puramente natural, produzida diretamente pela necessidade, mas meramente um efeito da experiência realizada e da reflexão sobre ela, nomeadamente da compreensão obtida quanto à natureza moral e intelectual miserável da maioria dos seres humanos, nos quais o que há de pior é que, no indivíduo, as imperfeições morais e intelectuais conspiram e trabalham de mãos dadas, resultando em todos os tipos de fenômenos repugnantes que tornam o convívio com a maioria dos seres humanos desagradável, sim, insuportável. É por isso que, embora existam muitas coisas ruins no mundo, a pior delas ainda é a sociedade, de modo que o próprio Voltaire, o francês sociável, teve que afirmar: *la terre est couverte de gens qui ne méritent pas qu'on leur parle* [O mundo está coberto de pessoas que não merecem que lhes dirijamos a palavra]. O gentil Petrarca, que amou a solidão de maneira tão intensa e insistente, mencionou esse mesmo motivo para essa tendência:

> *Cercato ho sempre solitaria vita*
> *(Le rive il sanno, e le campagne, e i boschi),*
> *Per fuggir quest' ingegni storti e loschi,*
> *Che la strada del ciel' hanno smarita.*
> [Eu sempre procurei uma vida solitária
> (Os rios o sabem, e o campo, e os bosques),
> Para escapar desses gênios tortuosos e sombrios,
> Que perderam o caminho do céu.]

No mesmo sentido, ele explica o assunto em seu belo livro *De vita solitaria*, que, pelo visto, serviu de modelo para a famosa obra de Zimmermann sobre a solidão. Justamente essa origem meramente secundária e indireta da sociabilidade é expressa, em seu estilo sarcástico, por Chamfort, quando diz: *on dit quelquefois d'un homme qui vit seul, il n'aime pas la société. C'est souvent comme si on disait d'un homme, qu'il n'aime pas la promenade, sous le prétexte qu'il ne se promène pas volontiers le soir dans la forêt de Bondy* [Às vezes, diz-se de um homem que vive sozinho que ele não gosta da sociedade. Frequentemente, é como se alguém dissesse a respeito de um homem que ele não gosta de caminhar só porque não anda de bom grado, à noite, na floresta de Bondy][3]. Mas também o amável e cristão Angelus Silesius diz, no seu estilo e em linguagem mítica, exatamente o mesmo:

> Herodes é um inimigo; José, o entendimento,
> A este Deus revela no sonho (no espírito) o perigo.
> O mundo é Belém, o Egito, a solidão:
> Foge, minha alma! Foge, senão morres no padecimento.

No mesmo sentido, expressa-se Giordano Bruno: *tanti uomini, che in terra hanno voluto gustare vita celeste, dissero con una voce: "ecce elongavi fugiens, et mansi in solitudine.* [Tantos homens, que na terra quiseram provar a vida celeste, disseram a uma só voz: "Vede, afastei-me fugindo e permaneci na solidão".] No mesmo espírito, Sadi, o

---

3. No mesmo sentido, Sadi diz, no Gulistan: "Desde esse tempo, nos despedimos da sociedade e nos colocamos no caminho do isolamento: pois a segurança está na solidão".

persa, relata no Gulistan, a respeito de si mesmo: "Farto de meus amigos em Damasco, retirei-me ao deserto próximo a Jerusalém, a fim de buscar a companhia dos animais". Em resumo, todos os que Prometeu moldou com a melhor argila se expressaram no mesmo sentido. Que deleite pode propiciar-lhes o convívio com seres com os quais só podem ter relações por intermédio do mais baixo e menos nobre em sua própria natureza, a saber, o habitual, o trivial e o comum; com seres que formam uma comunidade e, como não podem elevar-se ao nível daqueles, só lhes resta como aspiração rebaixá-los ao seu nível? Nesse sentido, é um sentimento aristocrático que nutre a tendência para o isolamento e a solidão. Todos os patifes são sociáveis, o que é uma lástima. Por outro lado, revela-se que um ser humano tem uma natureza nobre sobretudo no fato de não precisar estar com os outros, mas cada vez mais preferir a solidão à sociedade e, paulatinamente, com o passar dos anos, chegar à convicção de que, salvo algumas exceções, no mundo só pode escolher entre a solidão e a trivialidade.

Até isso, por mais duro que soe, inclusive Angelus Silesius, apesar de sua mansidão e de seu amor cristão, não pôde deixar de expressar:

A solidão é penosa: no entanto, evita ser vulgar;
em toda parte, podes estar num deserto.

O que, no entanto, diz respeito aos grandes espíritos, é bem natural que esses autênticos educadores de todo o gênero humano sintam tão pouca inclinação para a vivência comunitária frequente com as outras pessoas, como os pedagogos que não se intrometem no jogo do grupo de crianças que brinca ruidosamente ao seu redor. Pois eles, que vieram ao mundo para guiar o gênero humano sobre o mar de seus equívocos para a verdade e para fora do abismo de sua rudeza e trivialidade, levando-lhes a luz, a formação e o enobrecimento, é certo que precisam viver entre os seres humanos, sem, no entanto, pertencer efetivamente a eles, e, por isso, desde a juventude, sentem-se como seres significativamente distintos dos outros; mas é só gradualmente, com o passar dos anos, que chegam a constatar nitidamente essa distinção, no que, então, se preocupam em acrescentar à distância espiritual também a distância física dos outros, e ninguém mais pode se aproximar deles, exceto que seja alguém mais ou menos eximido da trivialidade geral.

Conclui-se de tudo isso, portanto, que o amor à solidão não advém diretamente e como impulso originário, mas sim indiretamente, em especial em espíritos nobres e desenvolvidos gradualmente, não sem a superação do impulso natural de sociabilidade ou da oposição eventual de sugestões mefistofélicas:

> Cessa de brincar com a tua mágoa, que, como um abutre, te devora a vida; a pior das companhias te faz sentir que és um homem entre homens.

A solidão é o destino de todos os espíritos extraordinários, que, por vezes, será acolhida com lamentos, mas invariavelmente será escolhida como o menor de dois males. Com o avanço da idade, no entanto, o *sapere aude* se torna, nessas passagens, cada vez mais fácil e natural, e aos 60 anos o impulso para a solidão segue realmente a natureza, sim, o instinto. Pois agora tudo se combina para promovê-lo. O fator mais intenso que move para a sociabilidade, o amor às mulheres e o impulso sexual, não surte mais efeito; sim, a assexualidade na idade avançada estabelece a base para uma certa autossuficiência que, aos poucos, absorve, de todo, o impulso de sociabilidade. Retorna-se de mil ilusões e tolices; a vida ativa é descartada na maioria dos casos, nada mais se espera, não se tem mais planos nem propósitos; a geração da qual realmente se faz parte não vive mais; cercado por um gênero estranho, já se está objetiva e essencialmente sozinho. Com isso, o voo do tempo se acelerou, e ainda se pretende utilizá-lo espiritualmente. Pois, se a cabeça manteve a sua força, os diversos conhecimentos e experiências obtidos, a elaboração gradualmente aprimorada de todos os pensamentos e a grande habilidade de aplicação prática de todas as faculdades tornam o estudo de todo tipo mais interessante e fácil do que nunca. Veem-se com clareza milhares de coisas que anteriormente estavam envoltas pela neblina: alcançam-se resultados e se sente, por inteiro, a própria superioridade. Devido à longa experiência, deixou-se de esperar muito das pessoas, uma vez que, em geral, não estão entre os que ganham algo em conhecer alguém mais de perto. Antes, sabe-se que, exceto em raros acasos, nada se encontrará a não ser exemplares defeituosos da natureza humana, os quais é melhor deixar intocados. Por isso, não mais se está exposto às ilusões costumeiras, percebendo prontamente o que cada um é e, assim, só raramente satisfazendo o desejo de estabelecer uma relação mais próxima com ele. Por fim, em particular ao se reconhecer que a solidão é uma amiga da juventude, somam-se o hábito do isolamento e o convívio consigo mesmo, que se tornam uma segunda natureza. Por conseguinte, o amor à solidão, que anteriormente tinha que ser tomado do impulso de sociabilidade, agora é inteiramente natural e simples: vive-se na solidão como um peixe na água. Por isso, toda individualidade proeminente, portanto, diferente das demais e, assim, solitária, sente-se, por causa desse seu isolamento essencial, oprimida na juventude, mas aliviada na idade avançada.

Pois é certo que cada pessoa se torna partícipe dessa preferência real da idade avançada apenas devido a suas faculdades intelectuais, portanto, devido sobretudo a cabeça eminente, o que, porém, em menor medida, é possível para qualquer uma. Somente naturezas extremamente medíocres e comuns continuarão tão sociáveis como antes: elas são um incômodo para a sociedade, na qual não se encaixam mais, e conseguem, no máximo, ser toleradas, ao passo que, antes, eram procuradas.

Pode-se ainda identificar um aspecto teleológico nessa relação inversa entre o número de anos de nossa vida e o grau de nossa sociabilidade. Quanto mais jovem é o ser humano, tanto mais tem a aprender em cada relação: ora, a natureza o remeteu para o aprendizado recíproco, que cada um recebe no convívio com seus semelhantes e em vista do qual a sociedade humana pode ser designada como uma grande instituição educacional bell-lancasteriana, uma vez que livros e escolas são instituições artificiais, pois afastadas do plano da natureza. É bem oportuno, portanto, que ele frequente a instituição de ensino natural, e tanto mais diligentemente quanto mais jovem for.

Nihil est ab omni parte beatum [Nada é bom em todos os aspectos], diz Horácio, e "Não há lótus sem caule", diz um provérbio indiano: assim, pois, também a solidão tem, ao lado de tantas vantagens, também suas pequenas desvantagens e inconvenientes, que, no entanto, em comparação com os da sociedade, são insignificantes. Por isso, quem tem algo bom em si mesmo, sempre considerará mais fácil viver sem os seres humanos do que com eles. Entre as desvantagens, há uma que não é tão fácil, como as demais, de ser levada à consciência, a saber, a seguinte: assim como a prolongada e contínua permanência em casa deixa nosso corpo mais sensível às influências externas de modo que qualquer lufada de ar fresco afeta-o patologicamente, assim o isolamento prolongado e a solidão deixam nossa disposição tão sensível que nos sentimos perturbados, ofendidos ou feridos pelos mais insignificantes fatos, palavras ou até por meras expressões, ao passo que aquele que permanece na agitação do mundo nem os leva em conta.

Quem, no entanto, em especial nos anos juvenis, foi levado frequentemente para a solidão por causa de justificadas desilusões com as pessoas, mas não consegue suportar o deserto por muito tempo, recomendo-lhe que se acostume a levar uma parcela da sua solidão para o seio da sociedade; portanto, que aprenda a estar sozinho, em certo grau, também na sociedade e, assim, não compartilhe de imediato com os outros o que pensa, e, por outro lado, não interprete em sentido estrito o que os outros dizem; antes, não espere muito deles, nem em termos morais nem intelectuais e, portanto, no que diz respeito a suas opiniões, consolide em si uma certa indiferença, que é o meio mais seguro para sempre praticar uma tolerância louvável. Então, embora esteja entre as pessoas, ele não estará inteiramente na companhia delas, mas lidará com elas de maneira puramente objetiva: isso o protegerá do contato muito estrito com a sociedade e, assim, de toda contaminação ou violação. Encontramos até uma descrição dramática, que merece ser lida, dessa sociabilidade restrita ou arraigada, na comédia *El café o sea la comedia nueva*, de Moratín, e, a saber, no caráter de D. Pedro, em particular na segunda e terceira cenas do primeiro ato. Nesse sentido, pode-se comparar a sociedade a um fogo junto ao qual o inteligente se aquece a uma distância adequada, não como o insensato que pega nele e, após se queimar, foge para o frio da solidão e se queixa de que o fogo queima.

Capítulo IV

Capítulo 4

A independência

§ 10 A inveja é natural do ser humano: não obstante, ela é um vício e um infortúnio, simultaneamente[4]. Devemos, portanto, considerá-la como a inimiga da nossa felicidade e procurar sufocá-la como um demônio mau.

4. A inveja dos seres humanos indica como se sentem infelizes: sua insistente atenção ao que os outros fazem ou deixam de fazer mostra o quanto se entediam.

Nesse aspecto, Sêneca nos orienta com suas belas palavras: *nostra nos sine comparatione delectent: nunquam erit felix quem torquebit felicior* [Alegremo-nos com nossa condição sem nos compararmos aos demais; nunca haverá felicidade para aquele que se atormenta com a felicidade alheia] (*De ira*, III, 30), e novamente: *quum adspexeris quot te antecedant, cogita quot sequantur* [Em vez de olhar os outros que estão acima de ti, imagina quantos estão abaixo] (*Ep.*, 15). Portanto, devemos considerar com maior frequência as pessoas que estão numa situação pior do que nós do que aquelas que parecem estar numa situação melhor. Até mesmo no caso de males reais ocorridos, o consolo mais efetivo, ainda que flua da mesma fonte da inveja, é a consideração de sofrimentos maiores do que os nossos, e o convívio próximo com aqueles que conosco se encontram na mesma situação, com os *sociis malorum* [parceiros de infortúnio].

Até aqui, sobre o lado ativo da inveja. Quanto ao lado passivo, devemos ponderar que nenhum ódio é tão irreconciliável quanto a inveja; por isso, não deveríamos nos dedicar incessante e avidamente a suscitá-la; antes, agiríamos melhor em renunciar a esse prazer, como tantos outros, por causa de suas graves consequências. Há *três aristocra-*

cias: (1) a do nascimento e da posição, (2) a do dinheiro, (3) a espiritual. Esta última é efetivamente a mais nobre, sendo também reconhecida por isso, quando se lhe dá o devido tempo. Frederico o Grande já havia dito: *les âmes privilégiées rangent à l'égal des souverains* [As almas privilegiadas estão no mesmo nível dos soberanos], e, a saber, para o seu marechal da corte, que estava ofendido com o fato de que, enquanto ministros e generais comiam junto à mesa do marechal, Voltaire devia tomar lugar à mesa em que estavam somente regentes e príncipes. Cada uma dessas aristocracias é rodeada por uma legião de invejosos que tramam secretamente contra cada um de seus membros e, quando não têm que temê-lo, esforçam-se, de diversas formas, em dar-lhe a entender o seguinte: "Tu não és nada mais do que nós!" Mas justamente esses esforços revelam sua convicção do contrário. O procedimento a ser empregado contra isso pelos que são invejados consiste em manter a distância toda essa legião de invejosos e evitar, o máximo possível, qualquer contato com eles, de modo que fiquem apartados por um amplo abismo; nos casos em que, porém, isso não se aplica, deve-se suportar com a máxima serenidade os esforços da inveja cuja fonte se neutraliza: inclusive vemos essa prática ser constantemente adotada. Por outro lado, os membros de uma aristocracia se relacionam, em geral, bem e sem inveja com os membros das outras duas, pois cada uma coloca na balança seus méritos contra os dos outros.

§ 11 Reflete-se de maneira aprofundada e reiterada sobre um projeto antes de colocá-lo em prática, e, mesmo depois de haver ponderado tudo exaustivamente, deve-se ainda admitir a insuficiência de todo o conhecimento humano, devido à qual sempre podem existir circunstâncias impossíveis de examinar ou prever, e que podem tornar impreciso todo o plano. Essa reflexão sempre coloca um peso no aspecto negativo e nos aconselha, nas questões importantes, a não mexer em nada sem necessidade: *quieta non movere* [Não mover o que está em repouso]. No entanto, quando se tomou a decisão e se colocou as mãos à obra, de modo que agora tudo pode seguir seu curso e que só se espera ainda o desfecho, então não fiquemos ansiosos pelas reflexões sempre reiteradas sobre o que já foi realizado e pelos repetidos receios em relação aos possíveis riscos; antes, é preciso se desvencilhar inteiramente dessa questão, manter fechado todo o compartimento do pensamento e se tranquilizar com a convicção de que se analisou tudo cuidadosamente no devido tempo.

Esse conselho encontra-se também no provérbio italiano *legala bene, e poi lascia la andare*, que Goethe traduz *du, sattle gut und reite getrost* [Sela bem e cavalga confiantemente]; – a propósito, diga-se de passagem que uma grande parte de seus gnomos, dados sob a rubrica "proverbiais", são traduções de provérbios italianos. No entanto, se o desfecho é ruim, é porque todas as questões humanas estão sujeitas ao acaso e ao erro. O fato de que Sócrates, o mais sábio dos seres humanos, precisou de um *demônio* de alerta para tomar a decisão certa ou, pelo menos, evitar passos em falso em seus assuntos pessoais revela que, nesse aspecto, nenhuma inteligência humana é suficiente. Por isso, a declaração, supostamente de autoria de um papa, de que somos culpados, pelo menos em alguma medida, pelo infortúnio que nos atinge, não é verdadeira incondicionalmente e em todos os casos, ainda que seja na ampla maioria. Esse sentimento parece até ter grande relevância no fato de que as pessoas busquem ocultar o máximo possível a sua infelicidade e, até onde conseguem, apresentar uma face feliz. Temem que se infira sua culpa a partir de seus sofrimentos.

§ 12 No caso de um acontecimento infeliz, já ocorrido, e que, portanto, é inalterável, não se deve permitir a ideia de que poderia ter sido diferente, muito menos de que poderia ter sido evitado, pois justamente isso amplia a dor até o insuportável, de modo que, com isso, a pessoa se torna um ἑαυτοντιμωρουμενος [alguém que pune a si mesmo]. Antes, deve-se proceder como o Rei Davi, que, enquanto o seu filho estava doente, interpelava Jeová incansavelmente com preces e súplicas; quando, porém, seu filho morreu, deu de ombros e não pensou mais no assunto. Quem, no entanto, não tem a leveza suficiente para fazer isso, refugia-se no ponto de vista fatalista, segundo o qual se evidencia a grande verdade de que tudo o que ocorre, ocorre necessariamente, portanto, é inevitável.

Apesar de tudo, essa regra é unilateral. Ela serve para nos aliviar e acalmar nos casos de infortúnio; somente quando nesses casos a culpa, como ocorre na maioria das vezes, ao menos em parte, residir em nossa própria negligência ou audácia, aí a reflexão reiterada e dolorosa sobre como se poderia ter impedido o infortúnio é uma autopunição salutar para nosso aprendizado e melhoria, tendo em vista, portanto, o futuro. E não devemos, como de costume, procurar desculpas, encobrir ou minimizar erros manifestamente cometidos por nós, mas admiti-los e trazê-los perante os nossos olhos em toda sua magnitude, a fim de podermos nos manter firmes no propósito de evitá-los no futuro. É claro que, nesse caso, causa-se a grande dor da insatisfação consigo mesmo, mas ὁ μη δαρεις ανθρωπος ου παιδευεται [ninguém é educado sem castigo].

Capítulo V

Capitulo 5

Resistir às ilusões

§ 13 Em suma, no que diz respeito ao nosso bem-estar e sofrimento, devemos *ter controle sobre a fantasia.* Portanto, em primeiro lugar, não devemos construir castelos no ar, pois são muito dispendiosos, uma vez que, logo em seguida, novamente temos que demoli-los entre suspiros. Mas, ainda mais, temos que nos guardar de assustar nosso coração imaginando casos de infortúnio meramente possíveis. Se esses fossem completamente destituídos de fundamento ou muito artificiais, então logo saberíamos, ao despertar de tal sonho, que tudo não passou de um disparate, por isso nos alegraríamos ainda mais com a realidade melhor e, no máximo, obteríamos daí uma advertência contra casos de infortúnio bastante distantes, embora possíveis. Só que nossa fantasia não lida facilmente com esses enfoques; completamente sem propósito, ela constrói no máximo divertidos castelos no ar. O material para os seus sonhos lúgubres são as infelicidades que, mesmo a distância, nos ameaçam realmente em certa medida. A fantasia as amplia, traz sua possibilidade muito mais perto do que na verdade está, e as imagina nas mais terríveis tonalidades. Ao acordar, não conseguimos imediatamente nos desvencilhar de um sonho desse tipo, como ocorre com os agradáveis, pois esses são refutados de imediato pela realidade, que lhes deixa, no máximo, uma tênue esperança no âmbito da possibilidade. Mas a entrega às fantasias sombrias (*blue devils*) trouxe imagens para perto de nós que não voltam a se atenuar facilmente, pois a possibilidade do acontecimento, em geral, está estabelecida, e nem sempre estamos em condições de determinar o seu referencial de medida. A possibilidade se torna facilmente uma probabilidade e, com isso, estamos entregues às mãos do temor. Por isso, portanto, devemos considerar as coisas que dizem respeito ao nosso bem-estar e sofrimento somente com os olhos da razão e do juízo, ou seja, com reflexão seca e fria, e operar com meros conceitos e *in abstracto*. A fantasia deve, portanto, ficar fora do jogo, pois não sabe julgar, mas traz aos olhos meras imagens que mexem com a alma de modo desnecessário e, muitas vezes, desagradável. Da maneira mais estrita, essa regra deveria ser observada à noite. Pois como a escuridão nos deixa temerosos e nos faz ver figuras pavorosas por toda a parte, assim também a falta de clareza dos pensamentos tem um efeito análogo, pois toda incerteza gera insegurança. Por isso, à noite, quando o relaxamento envolveu o entendimento e o juízo com uma escuridão subjetiva, o intelecto está cansado e θορυβουμενος e não consegue entender as coisas, os objetos de nossa meditação, quando dizem respeito a nossas condições pessoais, facilmente assumem um aspecto perigoso e se tornam imagens pavorosas. Em geral, é isso que acontece, à noite, na cama, quando o espírito está completamente relaxado e, por isso, o juízo não desempenha mais suas funções, mas a fantasia ainda está ativa. Aí a noite confere a tudo e a todos sua tonalidade negra. Por isso, antes de adormecer ou ao acordar durante a noite, nossos pensamentos são, em geral, distorções e perversões das coisas quase tão horríveis quanto os sonhos e, além disso, quando envolvem assuntos pessoais, geralmente são escuros e horripilantes. Pela manhã, desaparecem todas essas imagens pavorosas, bem como os sonhos: é o significado do provérbio espanhol: *noche tinta, blanco el día* (a noite é colorida, branco é o dia). Mas já ao anoitecer, logo que se acendem as luzes, o entendimento, como os olhos, não vê com tanta clareza como durante o dia. Por isso, esse período não é apropriado para a meditação de assuntos sérios e, principalmente, desagradáveis. A manhã é o período certo, como é, enfim, para qualquer realização, sem exceção, tanto espiritual como corporal. Pois a manhã é a juventude do dia: tudo é jovial, fresco e leve. Sentimo-nos potentes e temos todas nossas capacidades à inteira disposição. Não se deve abreviá-la pelo despertar tardio, nem desperdiçá-la com ocupações e conversas indignas, mas considerá-la a quintessência da vida e, de certa maneira, sagrada. Por outro lado, a noite é a idade avançada do dia: à noite, estamos debilitados, loquazes e desatentos. Todo dia é uma pequena vida. Cada despertar e levantar é um pequeno nascimento, cada nova manhã é uma pequena juventude. E cada ir para a cama e adormecer é uma pequena morte.

De alguma maneira, porém, o estado de saúde, o sono, a alimentação, a temperatura, o clima, o ambiente e muitos outros aspectos exteriores exercem uma enorme influência sobre a nossa disposição, e essa sobre os nossos pensamentos. Por isso, a nossa visão de um assunto, bem como a nossa capacidade de realizar algo, estão submetidas tão intensamente ao tempo e mesmo ao lugar. Portanto:

> Perceba a disposição benéfica, pois ela chega tão raramente (Goethe).

Não apenas no caso de concepções objetivas e ideias originais que temos de esperar para ver *se* e *quando* lhes apraz virem, mas mesmo a reflexão profunda de um assunto pessoal nem sempre tem êxito no período que, de antemão, determinamos e nos preparamos para ela. Mas também é ela mesma que escolhe o seu tempo, quando a ordem dos pensamentos apropriada a ela se manifesta espontaneamente e a seguimos com participação plena.

O controle da fantasia, como recomendado anteriormente, também inclui não permitir que ela novamente torne presentes e visualizáveis as injustiças, os danos, as perdas, as ofensas, as rejeições, as afrontas e outras coisas similares. Pois, do contrário, voltamos a estimular o descontentamento, a fúria e todas as paixões odiosas, há muito latentes, que contaminam nossa alma. Segundo uma bela comparação do neoplatônico Proclo, assim como em cada cidade, ao lado dos nobres e proeminentes, mora também a multidão de todo tipo (οχλος), em cada ser humano, também no mais nobre e destacado, estão presentes, segundo a sua disposição, os aspectos mais inferiores e comuns da natureza humana e até animal. Essa multidão não deve ser instada ao tumulto, nem deve olhar para fora da janela, uma vez que se distingue por ser asquerosa. As peças da fantasia descritas são, no entanto, os demagogos dessa multidão. Acrescente-se ainda que a menor adversidade, advinda de seres humanos ou coisas, se cogitada de modo contínuo e ilustrada com cores vivas e numa dimensão ampliada, pode crescer e se tornar um monstro diante do qual se fica fora de si. Deve-se, antes, conceber de modo extremamente prosaico e sóbrio tudo que é desagradável, para aguentá-lo da maneira mais simples possível. Assim como os pequenos objetos, que mantidos próximos aos olhos limitando nosso campo de visão, encobrem o mundo, assim muitas vezes as pessoas e coisas do nosso *ambiente mais próximo*, por mais insignificantes e indiferentes que sejam, ocupam nossa atenção e nossos pensamentos além do necessário e de maneira desagradável e, com isso, reprimem pensamentos e assuntos importantes. Devemos agir contra isso.

§ 14 Ao olharmos para algo que não possuímos, surge em nós facilmente o seguinte pensamento: "como seria se isso fosse meu?", e ele torna perceptível a nossa privação. Em vez disso, deveríamos perguntar mais seguidamente: "como seria se isso *não* fosse meu?", ou seja, deveríamos, ocasionalmente, nos esforçar para considerar como o que possuímos nos apareceria, depois que o tivéssemos perdido, e, a saber, seja o que for: propriedade, saúde, amigos, amante, mulher, filho, cavalo e cachorro; pois, em geral, somente a perda nos ensina o valor das coisas. Por outro lado, por causa dessa maneira de consideração, a posse desses bens, em primeiro lugar, nos alegrará imediatamente muito mais do que antes, e, em segundo lugar, faremos de tudo para evitarmos a sua perda, portanto, não colocando em perigo a propriedade, não irritando os amigos, não expondo à tentação a fidelidade da mulher, zelando pela saúde dos filhos, e assim por diante. Muitas vezes, buscamos iluminar as turvações do presente por meio da especulação em torno de possibilidades favoráveis e idealizamos inúmeras esperanças quiméricas, cada uma das quais gesta uma decepção que não fica ausente quando as esperanças se desfazem na dura realidade. Melhor seria tomar as diversas possibilidades horríveis como objeto de nossa especulação, o que em parte levaria a medidas preventivas, em parte ocasionaria surpresas agradáveis caso não se concretizassem. De fato, após termos sido expostos ao medo, sempre ficamos consideravelmente mais alegres. Sim, às vezes é bom ter em mente grandes infortúnios que eventualmente poderiam nos atingir, a fim de suportarmos mais facilmente os muito menores que mais tarde efetivamente nos atingem, na medida em que nos consolamos com o olhar retrospectivo daqueles grandes infortúnios não ocorridos. Ao levar em conta essa regra, no entanto, não se deve desconsiderar a anterior.

§ 15 Porque os assuntos e acontecimentos que nos dizem respeito surgem e se entrecruzam de forma inteiramente ocasional, sem ordem e sem relação entre si, no mais gritante contraste e sem qualquer coisa em comum, a não ser justamente que são nossos assuntos. Desse modo, nosso pensamento e nossas preocupações devem ser igualmente abruptos para corresponder a esses assuntos e acontecimentos. Assim, quando empreendemos alguma coisa, temos que abstrair de todas as outras, para gerir cada coisa ao seu tempo, desfrutá-la, sofrê-la, sem nos preocuparmos com as demais. Temos que ter, portanto, por assim dizer, gavetas para os nossos pensamentos, das quais abrimos apenas uma, enquanto as outras permanecem fechadas. Assim, conseguimos que uma preocupação muito séria não interrompa cada pequeno deleite do presente, nem nos prive de toda nossa tranquilidade. Além disso, conseguimos que uma reflexão não reprima as outras, que a preocupação com um assunto importante não provoque a negligência de outros mais simples, e assim por diante. Mas especialmente quem é capaz de fazer considerações mais elevadas e nobres nunca deve deixar que seu espírito seja inteiramente tomado e preenchido por assuntos pessoais e preocupações de menor importância, que obstruem seu acesso àquelas considerações, pois isso seria efetivamente *propter vitam vivendi perdere causas* [para viver, perder aquilo que é a razão da própria vida]. Claro que, para efetuar essa condução de nossas ações, bem como de muitas outras, é preciso impor uma autocoerção. Para isso, porém, deveria fortalecer-nos a reflexão de que cada ser humano tem que suportar muitas e grandes coerções provenientes da esfera exterior, das quais nenhuma vida está isenta. No entanto, uma pequena autocoerção aplicada no ponto certo evita posteriormente muitas coerções provenientes da esfera exterior, assim como um pequeno corte no círculo próximo ao centro corresponde a um outro centenas de vezes maior na periferia. Nada nos exime mais das coerções provenientes da esfera exterior do que a autocoerção: é o que diz a sentença de Sêneca: *si tibi vis omnia subjicere, te subjice rationi* [Se queres submeter tudo a ti mesmo, submete-te primeiro à razão] (*Ep.*, 37). Inclusive, sempre temos controle sobre essa autocoerção e podemos abrandá-la um pouco em caso extremo, ou se ela atingir nosso ponto mais sensível; por sua vez, a coerção proveniente da esfera exterior é insensível, impiedosa e implacável. Por isso, é sábio antecipar-se a esta mediante aquela.

Capítulo VI

Capítulo 6

Dominar as paixões desordenadas e ancorar-se em si mesmo

§ 16 Estabelecer um objetivo para os nossos desejos, refrear as nossas ambições, aplacar a nossa fúria, sempre lembrando que o indivíduo só consegue alcançar uma parte infinitamente pequena de tudo que vale a pena desejar, ao passo que muitos males precisam atingi-lo, portanto, em outras palavras απεχειν και ανεχειν, *abstinere et* *sustinere* [abster-se e suportar], é uma regra que, se não observada, nem riqueza nem poder podem impedir que nos sintamos pobres. É a isso que Horácio se refere:

> *Inter cuncta leges, et percontabere doctos*
> *Qua ratione queas traducere leniter aevum;*
> *Ne te semper inops agitet vexetque cupido,*
> *Ne pavor, et rerum mediocriter utilium spes.*
> [Em meio a tudo isso, leia e indague os sábios
> Sobre como passar seus dias em tranquilidade.
> Para não ser guiado e assediado pela ganância exagerada
> Nem por temores ou esperanças de coisas de pouca utilidade.]

§ 17 Ὁ βιος ἐν τῃ κινησει ἐστι (*vita motu constat*) [A vida consiste em movimento], diz Aristóteles, com manifesta razão. E assim como nossa vida física consiste somente em movimento incessante e apenas subsiste através dele, nossa vida interior e espiritual requer ocupação contínua, ocupação com qualquer coisa, mediante a ação ou o pensamento. Uma prova disso é o gesto de tamborilar com as mãos ou com algum instrumento, ao qual recorrem as pessoas quando estão desocupadas ou distraídas. Nossa existência é essencialmente incessante: a inatividade total logo se torna insuportável, pois provoca o tédio mais terrível. É esse impulso que se deve regular a fim de satisfazê-lo de maneira metódica e aprimorada. Por conseguinte, a atividade – colocar algo em movimento, eventualmente fazer algo ou, pelo menos, aprender alguma coisa – é essencial para a felicidade do ser humano: suas forças requerem utilização, e ele quer aproveitar, de alguma forma, o resultado. A maior satisfação, no entanto, advém de *fazer* algo, de confeccionar, seja um cesto ou um livro; mas o que faz alguém feliz de imediato é ver uma obra se desenvolver diariamente pelas próprias mãos até, por fim, chegar a sua conclusão. Isso constitui uma obra de arte, um escrito ou um simples trabalho manual; evidentemente, quanto mais nobre a obra, maior o deleite. Nesse aspecto, mais felizes são as pessoas de grande talento, que estão conscientes de sua capacidade de produzir obras significativas, grandiosas e coesas. Pois, desse modo, difunde-se um interesse de tipo superior sobre toda sua existência e lhe confere um sabor ausente nas demais, que, comparadas com aquela, são insossas. Para essas pessoas talentosas, a vida e o mundo têm além do interesse comum e material também um outro mais elevado, o formal, uma vez que contêm o material de suas obras, com cuja coleta estão diligentemente ocupados durante a sua vida, desde que a necessidade pessoal as deixe respirar de alguma forma. Inclusive o seu intelecto é, de certa forma, duplo: uma parte está voltada para as relações habituais (assuntos da vontade), semelhante ao de todas as outras pessoas; a outra parte está dedicada à concepção puramente objetiva das coisas. Assim, vivem uma vida dupla, pois são espectadores e atores simultaneamente, ao passo que os demais são apenas atores. Entretanto, cada pessoa deve colocar algo em movimento, conforme as suas capacidades. Pois o efeito prejudicial da falta de atividade sistemática, de algum tipo de trabalho qualquer, é percebido nas longas viagens de diversão, em que a pessoa se sente de vez em quando realmente infeliz, pois, sem ocupação efetiva, é como que arrancada do seu elemento natural. Esforçar-se e lutar contra os obstáculos é uma necessidade do ser humano, como cavar o é para a toupeira. A estagnação provocada pela satisfação total de um deleite constante seria insuportável para ele. Superar obstáculos é o deleite pleno de sua existência, seja de ordem material, como na ação e na prática, seja de ordem espiritual, no aprendizado e na pesquisa: a luta contra eles e a vitória fazem a pessoa feliz. Se lhe faltar a oportunidade, ele a criará como puder: de acordo com a individualidade que traz consigo, ele caçará, ou brincará de bilboquê ou, guiado por uma propensão inconsciente de sua natureza, buscará contendas, iniciará intrigas, ou se envolverá em fraudes e maldades de todo tipo somente para pôr fim ao insuportável estado de repouso. *Difficilis in otio quies* [A tranquilidade é difícil no ócio].

§ 18 Para guiar esses esforços, deve-se tomar não as *imagens da fantasia*, mas *conceitos* claramente concebidos. Geralmente, porém, acontece o contrário. Uma análise mais precisa revelará que, em última instância, o que define nossas deliberações, na maioria dos casos, não são os conceitos e juízos, mas uma imagem fantasiosa que representa e substitui uma das alternativas.

Não me recordo em que romance de Voltaire ou Diderot a virtude sempre se apresentava como o herói que estava como um jovem e Hércules numa encruzilhada, na figura de seu velho mentor, que segurava na mão esquerda sua tabaqueira e na mão direita um pouco de tabaco, e, assim, pretendia moralizar; o vício, por sua vez, se apresentava na figura da camareira de sua mãe. Particularmente na juventude, o objetivo de nossa felicidade se fixa na figura de algumas imagens que temos em mente e, seguidamente, permanecem pela metade da vida ou ao longo da vida inteira. Elas são, na verdade, fantasmas provocadores, pois quando os alcançamos se desfazem, ao fazermos a experiência de que nada cumprem do que prometeram. Desse tipo são algumas cenas da vida doméstica, civil, social e rural, imagens de moradias, do ambiente, das condecorações e dos testemunhos de honra, e muitos mais; *chaque fou a sa marotte* [cada louco com a sua mania]; também a imagem da amada muitas vezes é incluída nesse rol. É natural que assim seja, pois o ilustrativo, por ser imediato, tem um efeito mais direto sobre nossa vontade do que o conceito, o pensamento abstrato, que só oferece o geral sem o particular, o qual justamente contém a realidade: por isso, só pode ter um efeito indireto sobre a nossa vontade. E, no entanto, é só o conceito que mantém a palavra: por isso, é formação confiar apenas nele. Certo é que, ocasionalmente, necessitará da elucidação e da paráfrase por meio de algumas imagens, mas *cum grano salis* [com algum comedimento].

§ 19 A regra anterior deixa-se subsumir à mais geral de que, por toda a parte, deve-se ser senhor sobre a impressão do que é presente e ilustrativo. Essa é desmedidamente forte em vista do meramente pensado e conhecido, não devido à sua matéria ou ao seu conteúdo, que muitas vezes são bastante escassos, mas à sua forma, à clareza e ao imediatismo, que invade a mente e perturba sua tranquilidade ou abala seus propósitos. Pois o que é presente e ilustrativo, pois facilmente visível, sempre faz efeito com todo seu poder de uma vez. Por outro lado, pensamentos e argumentos requerem tempo e tranquilidade para serem ponderados pouco a pouco; por isso não se pode tê-los inteiramente presentes a cada instante. Consequentemente, o agradável, ao qual renunciamos em virtude da ponderação, ainda nos atrai quando o vemos. Do mesmo modo, ficamos ofendidos com um juízo cuja inteira incompetência conhecemos, ficamos indignados com uma afronta cujo caráter desprezível reconhecemos, e, do mesmo modo, dez argumentos contra a existência de um perigo são suplantados pela falsa aparência de sua presença real, e assim por diante. Em tudo isso se invoca a irracionalidade originária do nosso ser. Inclusive as mulheres frequentemente sucumbirão a uma impressão desse tipo, e em poucos homens prepondera a razão a ponto de não precisarem sofrer os efeitos dela. Onde não conseguimos dominá-la inteiramente pelo simples pensamento, o melhor é neutralizar uma impressão com outra contrária; por exemplo, neutralizar a impressão de uma ofensa pela visita daqueles que nos apreciam, a impressão de um perigo ameaçador pela consideração real do que se opõe a ele. Aquele italiano de que Leibnitz conta (*Nouveaux Essais*, l. I, c. 2, § 11) pôde até mesmo resistir às dores da tortura, propondo-se a não deixar, nem por um instante, que a imagem da forca, à qual sua confissão o conduziria, escapasse de sua fantasia, razão pela qual de tempos em tempos gritava *io ti vedo* [eu te vejo], cujas palavras ele mais tarde explica nesse sentido. Justamente pelas razões aqui abordadas, quando todos os que nos rodeiam têm uma opinião diferente da nossa, e se comportam de acordo com ela, ainda que estejamos convencidos de seu equívoco, é difícil não ficarmos inseguros por causa dela. Para um rei fugitivo, perseguido, que viaja seriamente *incognito*, o cerimonial de subordinação de seu acompanhante de confiança, observado em particular, é um fortificante cardíaco quase indispensável para que, no fim, o rei não acabe duvidando de si mesmo.

§ 20 Depois de haver destacado, no segundo capítulo, o grande valor da *saúde* como aspecto primeiro e mais importante para a nossa felicidade, quero aqui fazer menção a algumas regras de conduta bem gerais para o seu fortalecimento e a sua preservação. A pessoa se fortalece ao impor ao corpo, tanto no todo como em cada parte, enquanto ainda está saudável, muito esforço e exigência e ao se acostumar a resistir a influências adversas de todo tipo. Por outro lado, assim que se manifesta um estado patológico, que afeta o todo ou uma parte, deve-se adotar de imediato o procedimento oposto e preservar o corpo ou a parte doente e cuidar deles, pois o doente e debilitado não é capaz de se fortalecer.

O músculo é fortalecido por meio do uso intensivo, o que, por outro lado, enfraquece o nervo. Portanto, deve-se exercitar os músculos por meio de um esforço apropriado, mas sem afetar os nervos com ele. Além disso, deve-se proteger os olhos das luzes muito claras, especialmente refletidas, de qualquer esforço no crepúsculo, bem como da observação contínua de pequenos objetos. Do mesmo modo, os ouvidos devem ser protegidos do ruído muito intenso. Mas principalmente o cérebro não deve ser exposto ao esforço forçado, permanente e inoportuno. Por isso, é preciso deixá-lo descansar durante a digestão, pois então a força vital, que forma pensamentos no cérebro, trabalha arduamente no estômago e nos intestinos para preparar o quimo e o quilo. Da mesma forma, é preciso deixá-lo em repouso durante ou mesmo após esforços musculares significativos. Pois sucede o mesmo tanto com os nervos motores como com os sensoriais, e, como a dor que sentimos nos membros feridos tem sua verdadeira localização no cérebro, assim efetivamente não são as pernas e os braços que andam e trabalham, mas o cérebro, a saber, a parte dele que, por meio da medula alongada e da medula espinhal, estimula os nervos de cada membro, colocando-o em movimento.

Nesse sentido, também o cansaço que sentimos nas pernas e nos braços tem sua verdadeira localização no cérebro, razão pela qual cansam apenas os músculos cujo movimento depende da vontade, ou seja, que parte do cérebro; não, porém, os que trabalham independentemente da vontade, como o coração. É evidente, portanto, que o cérebro é afetado pelo esforço simultâneo, ou numa sequência muito rápida, de intensa atividade muscular e tensão espiritual. Isso não contradiz o fato de que, no início de um passeio ou de breves caminhadas, sinta-se com frequência um aumento da atividade espiritual, pois nesse caso ainda não há nenhuma parte do cérebro afetada pelo cansaço que mencionamos e, por outro lado, essa leve atividade muscular, que leva a um aumento da respiração, provoca a subida do sangue arterial, agora inclusive mais oxigenado, até o cérebro. Em especial, porém, deve-se conceder ao cérebro a medida necessária e completa de sono para a sua recuperação, pois o sono é para o ser humano inteiro o que é a ação de dar corda para o relógio. (Cf. O mundo como vontade e representação II, 217. – 3ª edição II, 240.) Essa medida será tanto maior quanto mais desenvolvido e ativo for o cérebro. No entanto, excedê-la seria mera perda de tempo, pois então o sono perde em intensidade aquilo que ganha em extensão[5]. (Cf. O mundo como vontade e representação II, 247. – 3ª edição II, 275.) No todo, devemos conceber que nosso pensamento nada mais é do que a função orgânica do cérebro, e, no que diz respeito a esforço e repouso, comporta-se de modo análogo a qualquer outra atividade orgânica. O esforço desmedido prejudica os olhos, bem como o cérebro. Com razão, foi dito: o cérebro pensa como o estômago digere. A ilusão de uma alma imaterial, simples, essencial e sempre pensante, ou seja, incansável, que simplesmente está sediada ali no cérebro e que em nada precisa deste mundo, certamente induziu algumas pessoas a práticas absurdas e ao entorpecimento de suas forças espirituais, como, por exemplo,

---

5. O sono é uma parcela de morte que emprestamos antecipadamente e pelo qual recuperamos e renovamos a vida esgotada durante um dia. *Le sommeil est un emprunt fait à la mort* [O sono é um empréstimo concedido pela morte]. O sono toma emprestado da morte para propiciar a manutenção da vida. Ou: ele corresponde aos juros provisórios da morte, a qual equivale ao pagamento do capital. Este será cobrado tanto mais tarde quando mais abundantes forem os juros e quanto mais regularmente eles forem pagos.

Frederico o Grande, que tentou deixar por completo o hábito de dormir. Os professores de Filosofia fariam bem em não incentivar essa ilusão, prejudicial inclusive em termos práticos, através de sua "filosofia da roda de fiar", que pretende fazer jus ao catecismo. Devemos nos acostumar a considerar nossas forças espirituais inteiramente como funções fisiológicas, para tratá-las, conservá-las e empregá-las de acordo com isso, e lembrar-nos de que todo sofrimento corporal, desconforto, desordem, independentemente da parte do corpo, afeta o espírito. A melhor orientação nesse assunto é proporcionada por Cabanis, em seu escrito *Des Rapports du physique et du moral de l'homme.*

A negligência desse conselho é o motivo pelo qual muitos grandes espíritos e mestres, na idade avançada, tornaram-se imbecis, infantis e até mesmo dementes. O fato de que os celebrados poetas ingleses desse século, como Walter Scott, Wordsworth, Southey e muitos outros, na idade avançada, sim, já aos 60 anos, tornaram-se espiritualmente obtusos e incapazes, decaindo ao nível da imbecilidade, pode indubitavelmente ser remetido à prática de todos eles que, atraídos por altos honorários, empreenderam a produção literária como um negócio, portanto, escreveram por causa do dinheiro. Essa prática leva a um esforço antinatural, e quem atrela seu Pégaso ao jugo e conduz sua Musa com o chicote virá a expiar de modo análogo àquele que prestou a Vênus um serviço forçado. Suspeito que, também Kant, em seus anos tardios, depois de, enfim, ter alcançado a fama, trabalhou excessivamente e, assim, provocou a segunda infância de seus quatro últimos anos.

Todo mês do ano tem uma influência peculiar e imediata, isto é, independente das condições climáticas, sobre a nossa saúde, sobre o nosso estado corporal no todo, sim, também sobre o nosso estado espiritual.

Conecte-se conosco:

facebook.com/editoravozes

@editoravozes

@editora_vozes

youtube.com/editoravozes

+55 24 2233-9033

www.vozes.com.br

Conheça nossas lojas:

www.livrariavozes.com.br

Belo Horizonte – Brasília – Campinas – Cuiabá – Curitiba
Fortaleza – Juiz de Fora – Petrópolis – Recife – São Paulo

EDITORA VOZES LTDA.
Rua Frei Luís, 100 – Centro – Cep 25689-900 – Petrópolis, RJ
Tel.: (24) 2233-9000 – E-mail: vendas@vozes.com.br